AF212032

Puedes consultar nuestro catálogo en www.picarona.net

¡Los elfos son lo peor!
Texto e ilustraciones: *Alex Willan*

1.ª edición: octubre de 2024

Título original: *Elves are the Worst!*

Traducción: *Júlia Gumà*
Maquetación: *El Taller del Llibre, S. L.*
Corrección: *Sara Moreno*

Edita: Picarona, sello infantil de Ediciones Obelisco, S.L.
Collita, 23-25. Pol. Ind. Molí de la Bastida
08191 Rubí - Barcelona - España
Tel. 93 309 85 25
E-mail: picarona@picarona.net

ISBN: 978-84-9145-744-2
DL B 8454-2024

Printed in China

¡Los ELFOS son lo PEOR!

de **ALEX WILLAN**

POLLO

GILBERT

Cintas y calcetines de Navidad

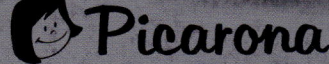

Picarona

Como ya sabes, los duendes tienen un papel importante en muchas celebraciones a lo largo del año,

como el Día de Desplumar Palomas,

la Gran Carrera de Babosas en Calcetines,

y, por supuesto, los Martes de Tacos.

¡TACOS!

Pero hay un grupo de criaturas mágicas que acapara todos los focos durante las fiestas de Navidad...

¡Los ELFOS!

¿Por qué? Justo hoy he regado todas mis plantas,

me he puesto al día con el punto,

y he hecho otro intento para perfeccionar mi receta de pastel de zarzamora.

Y aún he tenido tiempo para crear un nuevo conjuro que transforma los bastones de caramelo en gatitos de caramelo. (No se lo digas a nadie, pero el hechizo es «abragatabra»).

fig. 1

fig. 2

Mientras tanto, los elfos se pasan todo el tiempo dentro de los árboles horneando galletas.

¡Galletas recién hechas!

O vertiendo tazón tras tazón de los cereales más ruidosos del mundo...

Los duendes podemos
sentarnos en estanterías.
u holgazaneando todo
el día en varias
estanterías.

En mi defensa, esa estantería
no era suficientemente sólida.

¿Y qué si siempre montan unas fiestas de pijamas épicas?

Pollo y yo hacemos fiestas de pijamas, y aunque Pollo es un poco competitivo durante la guerra de almohadas, los dos molamos un montón con nuestros pijamas a juego.

! Bienvenidos
AL
POLO
NORTE !

Espera a ver lo que puede hacer
un duende genial.

Lo ves, es tan fácil como...

Espera un momento.

sino que son muy buenos trabajando juntos como equipo.

Ahora está mucho mejor.